UNE

RECONNAISSANCE D'OFFICIERS

SUR NIEDERBRONN

24 ET 25 JUILLET 1870

LE COMBAT DE SCHIRLENHOF

Avec une vignette et une carte

LIBRAIRIE MILITAIRE BERGER-LEVRAULT & Cie

Éditeurs de la « Revue de Cavalerie »

PARIS | NANCY
5, RUE DES BEAUX-ARTS, 5 | 18, RUE DES GLACIS, 18

1904

UNE

RECONNAISSANCE D'OFFICIERS

SUR NIEDERBRONN

24 ET 25 JUILLET 1870

LE COMBAT DE SCHIRLENHOF

Avec une vignette et une carte

LIBRAIRIE MILITAIRE BERGER-LEVRAULT & Cⁱᵉ

Éditeurs de la « Revue de Cavalerie »

PARIS	NANCY
5, RUE DES BEAUX-ARTS, 5	18, RUE DES GLACIS, 18

1904

UNE

RECONNAISSANCE D'OFFICIERS

SUR NIEDERBRONN

24 ET 25 JUILLET 1870

LE COMBAT DE SCHIRLENHOF

Les Allemands ont élevé en 1890 au hameau de Schirlenhof un monument à la mémoire du lieutenant de Winsloë, du 3ᵉ dragons badois, tué au premier engagement de la guerre de 1870. Cette année, ils vont rendre le même hommage au premier soldat français tombé dans cette guerre : Claude-Ferréol Pagnier, maréchal des logis au 12ᵉ chasseurs.

L'annonce de cette cérémonie, fixée au mois de juillet prochain, a occasionné une véritable levée de plumes de l'autre côté de la frontière, surtout en pays badois. Journaux, revues, almanachs, ont raconté le combat de Schirlenhof. Des acteurs du drame ont parlé à leur tour. Dans tous ces récits, il y a beaucoup d'emphase, d'exagération. Chacun se vante, se fait valoir au détriment de l'adversaire, et les Français n'ont pas la part de justice qui leur est due.

Dans l'intérêt de tous, il convient de rétablir la vérité. Elle est aussi bonne à dire pour les Français que pour les Allemands.

Le récit détaillé, vécu, d'une reconnaissance d'officiers exécutée devant l'ennemi dans de belles conditions d'audace et d'habileté, ne peut manquer d'intéresser les jeunes officiers de cavalerie. Ils y trouveront beaucoup d'exemples à suivre, quelques fautes à éviter ; ils apprécieront les dangers d'une telle mission.

C'est dans cette pensée que la relation de la première reconnaissance faite en 1870 est publiée dans la *Revue de Cavalerie*. Elle a été établie d'après les documents les plus sûrs et les plus autorisés.

A la fin de juillet 1870, au moment de la déclaration de guerre, le régiment de dragons badois n° 3 tenait garnison à Karlsruhe ; le régiment des dragons de la garde badoise était cantonné à proximité de cette ville, sur les deux bords du Rhin, dans les villages de Daxlanden, Mühlbourg, Maxau, Hagenbach.

Le 23 juillet, le colonel du 3e dragons fit appeler les lieutenants de Winsloë et de Gayling et leur donna l'ordre d'être rendus le lendemain matin à Hagenbach pour faire une reconnaissance concurremment avec des officiers des dragons de la garde.

A l'heure fixée (24 juillet), les deux officiers, accompagnés d'un brigadier et d'un homme, étaient à Hagenbach. Ils y trouvèrent le capitaine comte Zeppelin, officier à l'état-major wurtembergeois, commandant la reconnaissance, les lieutenants de Vechmar et de Villiez, de la garde badoise, deux brigadiers et trois hommes de la garde.

Le capitaine fit connaître aux officiers la mission dont il était chargé : « Elle consistait, leur dit-il, à reconnaître si des rassem- « blements importants de troupes françaises étaient massés entre « la frontière et Wœrth[1]. Ils marcheraient groupés, tant qu'ils ne « se heurteraient pas aux détachements ennemis ; si l'ennemi était « le plus fort, ils se disperseraient et continueraient la recon- « naissance individuellement, chacun pour son compte. Il leur « fallait être de retour le lendemain 25 juillet. »

---

1. Tout au début de la guerre, l'état-major allemand redoutait une offensive rapide et vigoureuse de l'armée française dans le Palatinat. Il avait même, dans cette éventualité, rejeté plus en arrière la concentration de la IIe armée. C'est pour savoir si ces craintes étaient fondées que fut lancée la reconnaissance du capitaine Zeppelin. Il s'agissait de reconnaître si un mouvement offensif se préparait au nord de la forêt de Haguenau.

La reconnaissance se mit en route sans plus tarder, précédée d'un homme de pointe. Elle dépassa les avant-postes allemands et arriva à la frontière en vue de Lauterbourg. L'homme de pointe s'approcha avec beaucoup de circonspection de la petite place. Il reconnut que le pont-levis sur la Lauter n'était pas levé et n'aperçut aucun uniforme ennemi. Officiers et soldats se lancèrent alors et traversèrent la ville à plein galop (si vite, dit la relation allemande, que des étincelles jaillissaient du pavé sous le pied des chevaux).

Après avoir dépassé Lauterbourg d'environ 500 mètres, le détachement s'arrêta. Les hommes mirent pied à terre, abattirent avec leurs haches de campagne deux poteaux télégraphiques et en coupèrent les fils, afin que la présence de la reconnaissance sur le territoire français ne fût signalée que le plus tard possible.

Le détachement continua ensuite à s'avancer, en redoublant de précautions. En pointe marchait, avec un dragon, le lieutenant de Winsloë, qui avait beaucoup chassé dans la Basse-Alsace et la connaissait parfaitement. La grande route fut abandonnée et on chemina à travers champs, lançant de droite et de gauche des petites patrouilles de flanc.

Vers midi, on arriva devant Nehwiller ; l'ennemi n'était pas signalé. Il fut décidé alors de prendre un léger repas et de faire boire et manger les chevaux. Les cavaliers mirent pied à terre à l'entrée du village, en halte gardée, et se firent apporter par les habitants, moyennant payement, tout ce qui leur était nécessaire. Ils se saisirent du facteur et prirent ses lettres et journaux.

Après cette halte, d'une demi-heure environ, le détachement remonta à cheval en observant les mêmes précautions, et arriva entre 4 et 5 heures du soir à Trimbach. Les hommes et chevaux se rafraîchirent devant l'auberge. Pendant ce temps, le capitaine Zeppelin, infatigable, parcourait le village. A la mairie, il vit affichées deux proclamations de l'empereur Napoléon III. Il prit note des passages les plus intéressants. Il avait à peine terminé, qu'un cavalier placé en vedette vint à toute bride l'avertir qu'un gendarme et un lancier arrivaient à l'autre issue du village du côté de Croettwiller. Le capitaine appelle à lui ses hommes et se jette sur les Français. Il aborde le premier le lancier qui, très bravement, pointe et blesse son cheval ; mais ce malheureux reçoit quatre coups de sabre et un coup de feu. Il tombe et est pris, ainsi que le gendarme. Les sacoches sont fouillées et de précieux renseignements sur Soultz, Wissembourg, Haguenau, Niederbronn, restent aux mains de l'ennemi.

Le lancier blessé est confié aux soins de ses compatriotes ; puis le capitaine Zeppelin remet le gendarme en liberté ; grave imprudence, car cet homme n'eut naturellement rien de plus pressé que d'aller rendre compte de ce qui lui était arrivé.

La reconnaissance continue ; peu après avoir dépassé les dernières maisons de Trimbach, la pointe signale la présence d'une patrouille française d'environ vingt hommes. Le capitaine ne s'émeut pas et se prépare à recevoir le choc, malgré la disproportion du nombre ; mais la patrouille se défile derrière une crête et disparaît.

La marche est reprise, d'abord sur Stundwiller, où on ne trouve personne, puis sur Hunspach. Les chevaux de prise avaient été emmenés ; le capitaine Zeppelin qui ne pouvait plus se servir de son cheval depuis sa blessure montait alors celui du gendarme ; mais cet animal lourd et maladroit tomba au passage d'un fossé en entraînant sous lui son cavalier. Le capitaine prit alors le cheval du lancier. C'était un cheval commun et tenant au rang ; le chef de cette hardie reconnaissance se trouvait donc personnellement dans de très mauvaises conditions.

A la station d'Hunspach (ligne de Haguenau à Wissembourg), les appareils télégraphiques sont brisés sous les yeux du chef de gare terrifié, mais, faute d'instruments spéciaux, on ne peut détériorer la voie.

Au coucher du soleil, la reconnaissance avait atteint la grande route de Haguenau à Wissembourg. Le capitaine Zeppelin se décida à passer la nuit dans le bois de Schœnenbourg. Dès qu'il y fut arrivé, il rédigea une dépêche relatant tous les événements de la journée, y joignit les lettres et journaux pris sur le facteur et les papiers trouvés dans la sacoche du gendarme, et donna ordre au lieutenant de Gayling, le moins ancien, de porter ces renseignements au général chef d'état-major à Karlsruhe.

L'officier partit à la nuit noire ; il était accompagné de deux hommes ayant chacun un cheval de main, celui du capitaine Zeppelin, blessé, et celui du gendarme. Il se proposait de regagner le territoire allemand par les bois qui bordent la frontière entre Wissembourg et Scheibenhard et de franchir la Lauter sur un point qu'il ne supposait pas gardé, au moulin de Bienwald. Après avoir cheminé quelque temps, il aperçoit tout à coup un escadron de lanciers qui marchait sur la grande route à sa rencontre ; il se jette rapidement dans un verger, recommande à ses hommes le plus profond silence et leur ordonne de lâcher leurs chevaux de main au cas où ils seraient dépistés. Mais leur présence ne fut pas éventée, l'escadron français continua paisiblement sa route, passant si près qu'ils entendaient les officiers causer entre eux.

Remis de cette chaude alarme, le lieutenant de Gayling reprit tranquillement sa route et atteignit sans incident le village de Schleithal. Là, il apprit d'un paysan que le moulin de Bienwald était occupé par un poste français. La route du retour semblait donc barrée. Que faire ? Essayer, la nuit, de trouver un autre passage dans ce bois fourré, il n'y fallait pas songer. L'officier allemand résolut de payer d'audace. Il se dit que, couvert par l'obscurité, son uniforme ne sera pas reconnu, que le poste ennemi ne se méfiera pas de cavaliers venant de l'intérieur des lignes. Il joua le tout pour le tout et bravement il s'approcha silencieusement, le revolver à la main, de la petite maison douanière, devant laquelle les Français avaient formé les faisceaux. Les deux dragons le suivaient de près, le sabre à demi sorti du fourreau. Il est accueilli par un « Bonsoir, Messieurs » auquel il répond par un « Bonsoir, Messieurs » et il passe ; mais les dragons sont reconnus au passage. Le poste prend les armes et fait feu sur les cavaliers qui traversent au galop le pont de la Lauter. Personne n'est touché.

A l'abri de tout danger sur le territoire allemand, la mission devait se terminer facilement : le Rhin fut franchi à 4 heures du matin et, à la première heure, les renseignements étaient remis au chef d'état-major.

Une légende allemande raconte que le lieutenant de Gayling ne prit que le temps de rentrer chez lui pour prendre un autre cheval et qu'il se trouvait à son rang au moment où son régiment partait pour la manœuvre. Le succès de cet officier a été assez beau sans qu'il soit nécessaire de l'embellir encore par de telles exagérations !

Le capitaine Zeppelin et ses compagnons passèrent toute la nuit dans le bois de Schœnenbourg. Ils dormirent peu, comme on le comprend. Ils signalèrent un mouvement incessant de trains sur la ligne Haguenau-Wissembourg.

Au petit jour, ils quittèrent le bois, réduits à neuf hommes par suite de l'envoi des renseignements. Ils continuèrent à s'enfoncer dans la Basse-Alsace et prirent la direction de Wœrth ; le lieutenant de Winsloë marchait toujours en pointe. Malgré l'heure matinale, les paysans étaient déjà aux champs, mais ils fuyaient éperdus dès qu'ils apercevaient les Allemands. On en saisit un. Interrogé, cet homme feignit d'abord de ne rien comprendre, puis il déclara qu'il n'y avait aucune troupe française dans les environs, et finalement conduisit le détachement chez le maire du village de.....[1]. Tout d'abord ce fonctionnaire refusa de répondre aux questions des Allemands ; mais le lieutenant de Villiez tira son revolver et le menaça de mort. Il lui fallut bien parler et donner les renseignements et journaux demandés. Il donna comme renseignements que le 12e régiment de chasseurs à cheval était à Frœschwiller et à Reichshoffen et que le 11e chasseurs était à Niederbronn[2].

La patrouille poussa ensuite jusqu'à Wœrth. Elle y arriva vers 9 heures du matin. Aucun soldat français ne s'y trouvait, mais l'agitation des habitants fit connaître que la présence des Allemands sur le territoire était signalée.

Wœrth avait alors une caserne de gendarmerie : sans aucun doute, le gendarme pris la veille avait raconté sa mésaventure.

Le capitaine Zeppelin savait à ce moment qu'il se trouvait tout près de la cavalerie française. Néanmoins, les renseignements recueillis jusqu'alors étaient très vagues. Il avait bien reconnu,

---

1. La relation allemande n'a pas donné le nom de ce village, peut-être pour ne pas compromettre le maire. Il en résulte que l'itinéraire de la patrouille entre le bois de Schœnenbourg et Wœrth n'est pas connu. Il est probable qu'elle aura évité la grande route et le gros bourg de Soultz-sous-Forêts, et qu'elle aura passé par Retschwiller et Preuschdorf et que c'est d'un de ces deux villages qu'il s'agit.

2. Ces renseignements étaient en partie erronés : le 12e chasseurs était à Niederbronn, mais ni Frœschwiller, ni Reichshoffen n'étaient occupés.

L'AUBERGE DE SCHIRLENHOF

(1) Place où fut frappé le lieutenant de Winsloë.
(2) Place où tomba le maréchal des logis Pagnier.
(3) Haie où furent attachés les chevaux.
(4) Chemin de Forstheim.

suivant l'ordre qu'il avait reçu, qu'il ne se trouvait aucun rassemblement important entre la frontière et Wœrth ; mais où était en réalité l'ennemi ? Il ne connaissait ni les emplacements de l'infanterie, ni même ceux de la cavalerie ; car il ne pouvait s'en rapporter aux dires d'un paysan mal intentionné. Aller plus loin semblait très périlleux, d'autant plus que les chevaux étaient très fatigués et qu'il se trouvait à 30 kilomètres de la frontière. Cependant avec sa résolution et sa ténacité habituelles, il résolut de sortir de la cuvette de Wœrth, de monter sur les hauteurs de Frœschwiller ; il se rendit à ce village par un chemin de traverse, il n'y trouva pas trace de l'ennemi.

Les chevaux, par cette chaleur de juillet, n'en pouvaient plus. Personne n'avait mangé depuis le matin. Il fut décidé qu'on irait prendre un peu de repos à Schirlenhof, petit hameau ignoré, perdu au milieu des bois. On n'avait pas grand risque d'y trouver l'ennemi, croyait-on, et on se rapprochait du chemin de fer de Haguenau à Niederbronn, où l'on aurait sûrement des renseignements. C'était le dernier objectif de la reconnaissance.

On gagna donc Schirlenhof. Ce hameau est situé au fond d'une vallée. Il se compose d'une dizaine de feux à peine ; au centre, se trouve une misérable auberge placée au fond d'une cour, une petite grange est attenante à la maison. Les habitants n'avaient pas vu de patrouilles françaises ; ils entouraient les étrangers avec curiosité, mais avec un air d'insolente provocation [1].

Le capitaine Zeppelin fait mettre pied à terre à sa troupe devant l'auberge. Il commande un léger repas et fait entrer tous les chevaux dans l'étroite grange où ils ont peine à tenir ; ils sont débridés et on leur donne la musette d'avoine : seconde imprudence plus grave que la première (la liberté rendue au gendarme) et qui devait perdre la reconnaissance !

Les hommes entrèrent ensuite tous dans la salle de l'auberge. La seule précaution qui fut prise, et bien insuffisante, ce fut de placer un factionnaire sur le perron de l'entrée. Il se mit tranquillement à manger.

---

1. Plusieurs partirent en toute hâte pour dénoncer la présence de l'ennemi. Ce furent des habitants de Schirlenhof que rencontra l'avant-garde du lieutenant de Chabot.

Le capitaine Zeppelin étale sa carte, groupe autour de lui les officiers, leur expose la situation dans laquelle ils se trouvent et les dangers du retour. Il leur renouvelle l'ordre de se disperser en cas d'attaque et de gagner individuellement, s'ils le peuvent, la frontière. Ces explications données, il se dispose à se mettre à table.

Tout à coup, un bruit de chevaux au galop se fait entendre. Le factionnaire crie : « Aux armes ! » Le lieutenant de Villiez se précipite dans la rue avec un ou deux hommes. Ils déchargent leurs armes. Ce sont les chasseurs français qui arrivent !

Le 12ᵉ chasseurs était, dans la matinée du 25 juillet, réuni en entier à Niederbronn. Parti le 19 juillet de Paris, où il était en garnison, il était arrivé, dans la soirée du 20, dans la jolie petite ville d'eaux et était bivouaqué sur la place même où se trouve la source.

Le régiment, commandé par le colonel de Tucé, faisait partie du 5ᵉ corps, division de cavalerie de Brahaut, brigade de Bernis. Le 12ᵉ chasseurs était rentré du Mexique en avril 1867, après avoir pris part à toute l'expédition. Il s'y était couvert de gloire. La plupart des cavaliers qui le composaient alors avaient fait cette campagne. C'étaient de vieux soldats d'une bravoure éprouvée.

Ce 25 juillet, vers 9 heures du matin, les hommes vaquaient à leurs occupations habituelles avec autant d'insouciance que si la guerre n'avait pas été déclarée. Beaucoup étaient au pansage. Tout à coup un tourbillon de poussière s'élève, un gendarme traverse la place au galop. Il paraît en proie à la plus vive émotion ! Sans ralentir sa course il se dirige chez le général de brigade. Il ne s'est pas arrêté, il n'a rien dit ! Mais, de suite, une rumeur s'élève : « L'ennemi ! » Les hommes sellent d'eux-mêmes. Cinq minutes après, un ordre bref : « Le 5ᵉ escadron à cheval ! » Presque aussitôt arrive le général de Bernis ; l'escadron est prêt en même temps que lui : les hommes de service, les cuisiniers, les ordonnances sont laissés au bivouac ; l'escadron ne compte plus qu'une soixantaine d'hommes dans le rang ; il est commandé par le capitaine Compagny de Courvières, les lieutenants Chatelain, de Chabot, les sous-lieutenants Moncany, de Nyvenheim.

A peine à cheval, on rompt de suite au trot en colonne par

quatre et une course folle commence : on arrive à un village ; on le traverse sans ralentir ; on reconnaît que c'est Reichshoffen. On prend une route bordée d'arbres, on monte une longue côte, toujours au trot ! Où est l'ennemi ? Où va-t-on ? C'est ce que chacun se demande et personne ne le sait ; car nul n'a de cartes, pas même peut-être le général ! Enfin, on arrive à un autre village : c'est Frœschwiller, disent les habitants. On passe au pas. Le général prend langue, tourne vers le sud, repart au trot, marche longtemps à cette allure, puis s'arrête tout d'un coup à l'entrée d'un bois (le Niederwald, au sud d'Elsasshausen).

On met pied à terre ; le général appelle à lui les officiers. Il leur fait savoir qu'une patrouille allemande de neuf à dix hommes a pénétré en Alsace, qu'elle a paru dans la matinée à Wœrth, mais que depuis on ne sait pas ce qu'elle est devenue. Il présume qu'elle s'est dirigée vers le chemin de fer pour détériorer la voie ; il va envoyer dans cette direction un peloton, et désigne pour cette mission le lieutenant de Chabot.

Les instructions données par le général furent plutôt brèves : « Vous avez bien entendu, lieutenant de Chabot ? dirigez-vous sur le chemin de fer et sachez si on a vu l'ennemi. — Mais dans quelle direction est le chemin de fer, mon général ? — Je n'en sais rien, cherchez. »

L'officier part, heureux de sa mission, mais légèrement perplexe et embarrassé. Il reprend au hasard la route qu'on venait de suivre. A la bifurcation du chemin d'Elsasshausen et de Gundershoffen, un paysan travaillait à la terre ; il est interrogé, mais il parle le patois alsacien. Impossible de le comprendre. Cependant, on finit par deviner qu'il a vu passer des cavaliers ennemis. Il désigne du doigt la direction de Gundershoffen. En même temps, l'officier relève sur le chemin qui conduit à ce village des traces de chevaux dont la ferrure diffère de celle des chevaux français. Plus de doute ! On a la bonne piste. Il s'agit de ne pas la perdre. « En avant ! » Le brigadier Charpentier et deux hommes sont placés en pointe : le peloton comprenait en tout quinze hommes, y compris l'officier.

Le bois de Reichshoffen est traversé au grand trot. A sa sortie, on aperçoit sur la hauteur un groupe de paysans. Charpentier se détache, les interroge, puis revient à fond de train rendre compte que l'ennemi est à Schirlenhof, dans une auberge !

« Au galop ! au galop !! Il ne faut pas les laisser s'échapper ! » La côte est rapidement gravie, le plateau traversé ; à la descente, l'allure s'accélère encore ! Les trois hommes de pointe pénètrent dans l'unique rue du hameau, suivis à 100 mètres à peine par le reste du peloton. L'officier qui marche en tête aperçoit dans la première maison à travers les vitres une bonne femme qui fait le signe de la croix, indice certain ! On va se battre ! L'ennemi est là ! Nous allons punir ces Prussiens de leur audace ! Tout aussitôt deux ou trois coups de feu partent de l'angle d'une maison, on aperçoit des Allemands qui courent vers une écurie. Les trois hommes de pointe s'arrêtent et tirent à cheval.

« Pied à terre ! à l'assaut ! » commande l'officier et de suite il envoie une vedette à la sortie du village (chemin de Forstheim) et détache un homme vers le général pour le prévenir.

Puis, sans penser à descendre lui-même, il pénètre seul, à cheval, dans la cour. Et craignant que l'ennemi ne s'échappe, il essaie de faire le tour des bâtiments, mais il en est empêché par la barrière du jardin.

Les chasseurs se sont jetés à bas de leurs chevaux, les ont attachés tant bien que mal à une haie de la route et se sont rués dans la cour de l'auberge. Ils font un feu d'enfer, tirent sur la porte, sur la fenêtre, surtout sur la grange où ils aperçoivent des dragons embusqués.

L'ennemi répond par toutes les ouvertures de la maison. Le brigadier Charpentier, le fusil déchargé dans la main gauche, le sabre dans la main droite, se précipite sur deux officiers allemands, les lieutenants de Winsloë et de Vechmar qui, avec un courage héroïque, dédaignant tout abri, exposés à tous les dangers, sont seuls dans la cour, devant la porte de la grange.

Le lieutenant de Chabot se porte de suite à l'aide de Charpentier. En passant devant la fenêtre, il reçoit à bout portant un coup de feu dont la poudre lui brûle légèrement le cou. Il arrête son cheval face au lieutenant de Winsloë, qui par trois fois fait feu sur lui sans l'atteindre. L'officier français prend son revolver, ajuste froidement son adversaire en pleine poitrine et tire à son tour, l'Allemand ne bronche pas ; un peu saisi [1] d'avoir manqué un homme presque à bout portant, M. de Chabot se reprend cependant, arme de nouveau et fait feu. Cette fois, il voit M. de Winsloë faire un mouvement très marqué et rentrer dans la grange, se soutenant à peine. Il envoie ensuite sa troisième balle à M. de Vechmar, mais il le manque.

Si courts qu'eussent été ces instants, ils avaient suffi pour faire naître un incident qui, prolongé, aurait pu assurer le salut de la reconnaissance allemande et qui sauva son chef. Voyant au loin une épaisse poussière, les habitants du village, affolés, s'étaient mis à crier : « Alerte, alerte ! voilà un escadron allemand qui arrive. » A ces cris, les chasseurs avaient couru vers la haie et prenant le premier cheval venu, avaient sauté dessus, et rapidement s'étaient formés en bataille dans la rue même, avec calme et résolution.

Leur officier court à eux : « Non, non ! ce ne sont pas les Allemands qui arrivent ! c'est au contraire le général de Bernis qui s'approche ! — A la maison — à l'assaut ! Il faut que nous ayons la gloire de les prendre à nous seuls ! » C'est alors qu'il aperçut à l'entrée de la cour un corps étendu : c'était le maréchal des logis Pagnier, tué raide.

Mais, eux non plus, les Allemands n'avaient pas perdu leur temps ! Ils ne pouvaient songer à rebrider leurs chevaux dans l'étroite grange, d'autant plus que les deux ou trois premiers placés près de la porte avaient été criblés de balles et que leurs cadavres encombraient la sortie ; mais ils trouvèrent des issues par derrière, soit dans la maison, soit dans la grange et décampèrent à travers la campagne. Par un hasard, providentiel pour lui, le capitaine Zeppelin aperçoit un cheval des chasseurs [2], que tenait, dit-on, une bonne femme. Il saute dessus et file à plein galop vers le bois de Schirlenhof, vers lequel se dirigeaient ses compagnons.

Les chasseurs se lancent à leur poursuite. Beaucoup mieux

---

1. M. de Chabot tirait à cette époque remarquablement bien au revolver. Il a souvent raconté que l'émotion la plus forte qu'il avait éprouvée, au combat de Schirlenhof, avait été d'avoir manqué à si petite distance un homme ajusté de sang-froid.

2. Ce n'était pas celui de Pagnier, quoi qu'on en ait dit.

monté, le lieutenant de Chabot allait atteindre le capitaine Zeppelin, lorsqu'il aperçut le lieutenant de Vechmar très malmené par ses hommes que la mort du maréchal des logis Pagnier avait rendus furieux. Il court s'interposer. Pendant ce temps, le capitaine Zeppelin gagne au pied et atteint le bois sans être rejoint par les deux chasseurs qui le poursuivent.

Effaré, un paysan arrive dire qu'il y a des Allemands cachés dans son étable. On y court : l'étable est fort sombre : impossible de rien distinguer à l'intérieur. Le maréchal des logis Drivon se présente sur la porte : « Rendez-vous ! » crie-t-il. Personne ne répond. Il fait feu au hasard de son gros pistolet d'arçon : un cri se fait entendre, c'est un malheureux dragon qui a reçu la balle au-dessus du genou. Il sort suivi du lieutenant de Villiez.

Là, un bel épisode, tout à l'éloge de la crânerie des officiers allemands ! Les chasseurs, comme il a été dit plus haut, étaient très surexcités par la mort du maréchal des logis Pagnier qui avait fait pendant cinq ans, au peloton, toute la campagne du Mexique. Les hommes présents avaient presque tous fait cette campagne. Ils n'avaient pas, il faut le dire, conservé une haute opinion de leur ennemi d'outre-mer. Ils avaient eu souvent à faire à des guerilleros, brigands, pillards et assassins, commandés par des soi-disant officiers sanguinaires et cruels. Encore tout au souvenir de cette guerre, ils n'avaient pu faire alors la différence entre l'armée prussienne et les bandes mexicaines. Aussi, quand le lieutenant de Villiez sortit du hangar, ils se mirent à le huer et à l'injurier, mais avant que l'officier français eût pu intervenir, le lieutenant allemand se redressa de toute sa petite taille et en très bon français : « Pourquoi m'insultez-vous ? — je suis soldat comme vous et de plus officier — vous me devez le respect ! » et regardant dans les yeux le chasseur le plus proche : « Vous ! saluez ! » et aussitôt le soldat français, saisi par la fière dignité de cet homme qui venait la minute d'avant d'échapper à la mort, porte la main à sa coiffure et fait le salut réglementaire.

On retourne à l'auberge pour fouiller l'intérieur. Les portes et les volets étaient encore clos. Que restait-il derrière ? Le lieutenant de Chabot, s'adressant aux deux officiers prussiens, leur dit : « Messieurs, toute résistance est inutile, je vous donne ma parole d'honneur que mon général va me rejoindre sous peu, avec tout un escadron. Mais je veux avoir l'honneur de vous prendre tous, à moi seul, avant son arrivée. Je ne veux plus perdre de monde, aussi veuillez dire à vos hommes de se rendre immédiatement, ou bien, sans tarder un moment, je mets le feu à la maison. »

Les deux officiers se consultèrent alors du regard, donnèrent un ordre en allemand. Les portes aussitôt s'ouvrirent et deux ou trois hommes se rendirent. Cependant l'officier blessé par le lieutenant de Chabot ne paraissait pas. Le brigadier Charpentier entra dans la maison et finit par le découvrir dans la ruelle du mauvais lit de l'auberge. Le malheureux officier, n'ayant plus eu la force de fuir, s'était couché dans ce réduit pour éviter d'être prisonnier. Il descendit d'un pas assez ferme le perron de l'auberge, s'avança jusqu'au milieu de la cour, remit son sabre à l'officier français. Il dit ensuite quelques mots à ses camarades qui s'empressèrent autour de lui, lui ôtèrent son ceinturon et défirent la ceinture de son pantalon. Une pâleur de mort envahit son visage. Il tomba à la renverse sur un tas de paille.

Ce brave ne se releva plus. La seconde balle de l'officier français lui avait perforé le bas-ventre. Il expira à 4 heures du soir à l'ambulance de Niederbronn dans de cruelles souffrances. L'officier français l'avait touché deux fois ; mais, bien hélas ! pour lui (car il serait mort sans douleurs), la première balle du lieutenant de Chabot avait été amortie. Elle était arrivée droit au cœur, mais sur ce cœur était un gros portefeuille renfermant, a-t-on dit, des lettres de femme. Pour un instant, son amour l'avait sauvé ! la balle n'avait pu traverser la liasse épaisse, elle était venue s'aplatir contre une de ses cartes de visite. Le général de Bernis avait conservé cette carte : qu'est-elle devenue ?

La capture du lieutenant de Winsloë terminait l'affaire, une grande voiture fut attelée de suite pour transporter le corps de Pagnier et les blessés : l'officier badois et deux dragons [1].

Au moment où s'achevaient les préparatifs du départ, arriva le général de Bernis. Il félicita chaudement le 4ᵉ peloton et son chef. Puis le convoi se mit en route. Les officiers allemands eurent la

---

[1]. Les *Gefreite* Krauss et Zilly.

permission de monter leurs chevaux, ce dont ils se montrèrent fort reconnaissants. Six ou sept chevaux de prise suivaient, les deux plus beaux avaient été tués sur la porte de la grange. Il en restait encore un superbe que le général de Bernis acheta. Il le monta une partie de la campagne ; il lui dut son salut à Sedan.

Le retour fut triomphal, les populations de Reichshoffen et de Niederbronn acclamaient les vainqueurs. — Bien petit succès, hélas ! et sans lendemain !

La reconnaissance allemande était donc presque entièrement enlevée. Mais cependant, il faut le dire, elle avait réussi : son but fut rempli, car le capitaine comte Zeppelin, son chef, parvint à s'échapper à force d'énergie et de vigueur. Monté sur un mauvais cheval de troupe, il arriva à gagner de couvert en couvert les grands bois qui au nord de Frœschwiller s'étendent jusqu'au Palatinat. Par Windstein et Obersteinbach, il atteignit la frontière. Il put alors rentrer facilement à Karlsruhe et faire son compte rendu au chef qui l'avait envoyé. Celui-ci, d'ailleurs, avait reçu un premier renseignement.

La reconnaissance du capitaine Zeppelin constitue un modèle d'audace et d'habileté. Il avait accompli de point en point sa mission : il avait reconnu de ses yeux, comme il lui était ordonné, qu'il n'existait pas de rassemblements français entre la frontière et Wœrth, avait eu tous les renseignements qu'il pouvait prendre, s'était procuré lettres et journaux, avait fait à l'ennemi tout le mal possible, brisant le télégraphe pour céler la marche de sa patrouille. Arrivé à Wœrth, non content du résultat obtenu, il voulut pousser jusqu'au contact : on ne peut l'en blâmer.

Deux imprudences le perdirent. La première fut de relâcher le gendarme : cependant il ne pouvait faire autrement ; il ne pouvait tuer son prisonnier, c'eût été un assassinat ; il ne pouvait l'emmener avec lui, c'eût été entraver sa marche. La seconde imprudence fut plus sérieuse ; ce fut plus qu'une imprudence, ce fut une faute grave : si, à Schirlenhof, il eût fait manger et boire hommes et chevaux en dehors du village, bride au bras comme il avait fait jusqu'alors, jamais la reconnaissance n'eût été enlevée. Elle était supérieurement montée et, malgré la fatigue des chevaux, elle se fût dérobée. Mais le capitaine avait été si heureux jusque-là, qu'il prit trop de confiance et se départit de sa circonspection habituelle. Et puis, ils étaient tous très las, de fatigue physique et morale. Ils se laissèrent aller au besoin d'un peu de détente, alors qu'il fallait, au contraire, veiller davantage. Ce fut leur perte.

Le maréchal des logis Pagnier, qui fut tué[1] dans cette rencontre, fut la première victime française de la guerre de 1870. C'était un vieux soldat dont on ne saurait trop honorer la mémoire. Vétéran des guerres d'Afrique, il avait fait la campagne du Mexique ; il s'y était signalé en toutes circonstances, il y fut médaillé et, peu après sa rentrée en France, le 10 mai 1868, il fut fait chevalier de la Légion d'honneur. Depuis 1866, il était dans le peloton commandé par le lieutenant de Chabot ; une solide amitié unissait ces deux hommes : c'est que Pagnier était un sous-officier modèle, tout à son devoir, toujours actif, toujours présent. Ce fut lui qui mit sa vieille expérience au service du jeune officier qui, de Saint-Cyr, arrivait droit au Mexique. Ce fut lui qui l'initia aux détails du métier, qui le forma, il est juste de le reconnaître. Au départ de Paris, à l'embarquement en chemin de fer pour la campagne, il promettait en termes chaleureux et émus au père de l'officier de protéger son fils, de le défendre en toutes occasions. De tels liens d'affection existaient fréquemment entre officiers et soldats, dans l'ancienne armée. On avait fait campagne ensemble, souffert ensemble. Ensemble on avait fait de longues marches et passé de dures nuits au bivouac ; on avait affronté les mêmes dangers. Chacun se connaissait, s'appréciait. On comptait les uns sur les autres, et parmi ceux sur lesquels on pouvait le plus compter, Pagnier se distinguait encore. Il n'a pas protégé son jeune lieutenant pendant les épreuves de cette campagne de 1870 ! il est tombé le premier, se donnant en exemple, entraînant ses hommes, bravant la mort, courant sus à l'ennemi ainsi qu'il

---

1. Plusieurs Allemands s'attribuent la mort de Pagnier. Le nommé Krauss, du 3e régiment badois, la revendique hautement. La vérité est que Pagnier fut tué par une décharge qui l'accueillit au moment où il pénétrait *à pied* dans la cour. Il est donc difficile de savoir de quel mousqueton partit la balle qui le frappa. Il fut atteint au *côté gauche à hauteur de ceinture*, ce qui établit indubitablement que le coup vint de *l'écurie*. Or, Krauss prétend avoir tiré de l'auberge et avoir renversé Pagnier de son cheval, deux faits inexacts qui infirment son récit.

avait toujours fait. Une balle l'étendit raide mort sans souffrances, sans qu'il poussât un cri. Il mourut en brave comme il avait vécu !

Brave Pagnier ! accepte encore cet hommage, ce tribut de reconnaissance trente-quatre ans après ta mort glorieuse !

Le maréchal des logis Pagnier repose dans le cimetière de Niederbronn, où le *Souvenir Français* lui a élevé un monument. Le corps du lieutenant de Winsloë fut déposé à côté de lui.

A la suite de cet épisode, paraissaient les ordres du jour suivants :

Félicitations de l'Empereur, du maréchal ministre de la guerre, du général commandant la brigade au sujet du combat de Schirlenhof.

ORDRE DE LA BRIGADE

Le général commandant la brigade de la division de cavalerie du 5e corps porte à la connaissance des officiers, sous-officiers et soldats du 12e chasseurs qu'il a reçu de M. le général commandant en chef le 5e corps d'armée une dépêche transmettant les félicitations de l'Empereur, du maréchal ministre de la guerre et les siennes au sujet du brillant combat livré le 25 courant à Schirlenhof par le 12e chasseurs à une reconnaissance badoise.

Niederbronn, le 26 juillet 1870.

Le Général :
Comte DE BERNIS.

Extrait de l'ordre du 5e corps du 4 août 1870.

A l'occasion du combat de Schirlenhof en avant de Niederbronn, le lieutenant de Chabot, du 12e chasseurs à cheval, a été nommé chevalier de la Légion d'honneur ; le brigadier Charpentier [1] et le cavalier de 1re classe Desmettre ont reçu la médaille militaire.

P. O. le Chef d'état-major,
PUJADE.

Juin 1904.

---

[1] Le brigadier Charpentier fut immédiatement promu maréchal des logis à la place de Pagnier ; dans la suite de la campagne, il fut décoré au siège de Bitche.

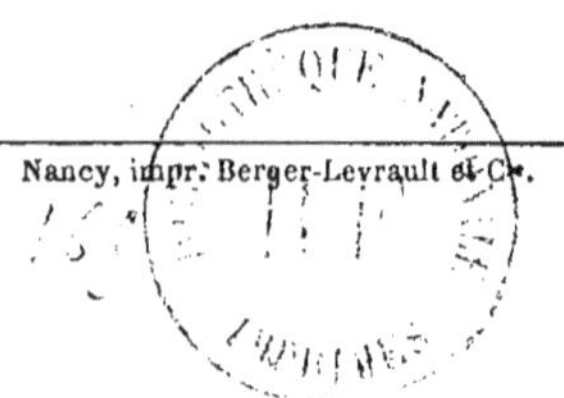

Nancy, impr. Berger-Levrault et Cie.

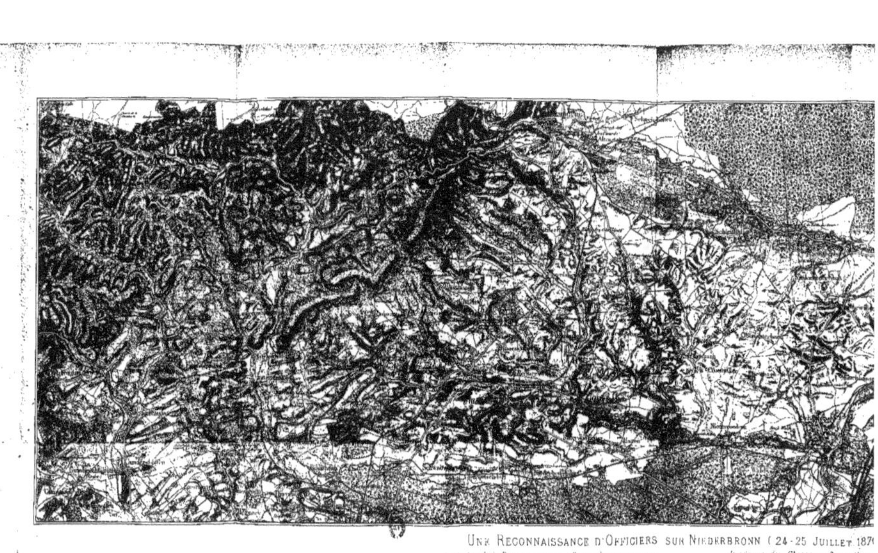

Une Reconnaissance d'Officiers sur Niederbronn (24 - 25 Juillet 1870
Itinéraire de la Reconnaissance allemande ....
Itinéraire des Chasseurs Français ---

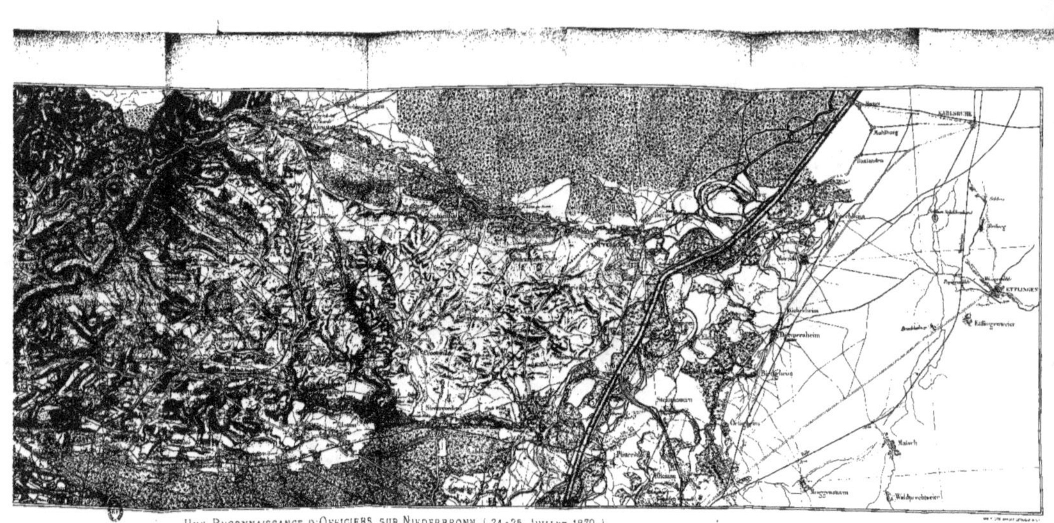

Une Reconnaissance d'Officiers sur Niederbronn (24-25 Juillet 1870)

Itinéraire de la Reconnaissance allemande ....   Itinéraire des Chasseurs français ....